花期峥嵘

田国生 著

长江文艺出版社

田国生

笔名耕者。湖北大学中文本科毕业,华南师范大学基础数学研究生课程班进修。曾任湖北省孝感市教委教研室教研员,曾加入湖北青年诗歌学会、湖北省文艺理论研究会。1994年南下深圳。中学高级教师。深圳市"优秀教师""名教师",深圳市首批名师工作室主持人。

1980年代开始写诗,1984年春发表诗歌处女作《汈汊情歌(组诗)》。著有《我们的建构》《让改变成为常态》《我们慢慢说着过去》等。诗歌、散文见诸报刊、电台和有关文集。

自序：诗意非自来

1

缪斯的种子千千万。我在贫瘠的生活中，刨过缪斯的种子，至今不辍。

童年里。晨曦初放，霞光万丈，金色的稻田上，摄映了一个戴着斗笠跨在牛背上的少年剪影。放牛娃——牧童。我选择"牧童"，诗意美好。后来，牧童常常痴痴地重复观瞻这个金色的剪影，把美好固化。

后来，有一段时间，诗歌野蛮生长，不仅仅是欢欣。伤痕，产生了大量的无主题变奏，欲说还休。

2

张海迪的故事。曾把一位少年从被窝里拎起，拉响电灯开关，一首"见不得人"的抒情诗，像梦遗，积极而羞涩。

那个零花钱以分计的年月。《拜伦传》《雪莱传》《莎士比亚的十四行诗》，以及《李白诗选》《杜甫诗选》花血本购买，进入整本书阅读期。叛逆的拜伦，心地光明的雪莱，愤怒的莎士比亚，醉卧长安的谪仙人，沉郁顿挫的杜拾遗……分享祖"诗爷"们的故事，精神突进，并学之。与此同时，堂哥的报刊投递室成为我的密室,抄《诗刊》《当代》《星星》,抄诗与远方!

那所乡村师范老教堂。木质楼梯,通往阅览室。一个青年寝食俱忘,读《十月》上《当晚霞消失的时候》,且嚼且思。

1984年,汉川县人民广播电台播送了我的《汈汊湖情歌》,一元二角钱的稿费至今雪藏……

慢慢地,《种》破土了。《生活对你说》《深秋写意》《张开夏天》发表了。《对洁白世界的执意挽留》通过楚天电台走进听众心中。

在地区教委机关,那个读诗、写诗,却做着教学研究的青年。那个时候,顾城、北岛、舒婷、叶延滨、王家新及崛起的诗群汹涌,半夜敲门,诗稿诗笺散落一地……

那个时代啊,那个1980年代,像我这样的诗歌爱好者如萤火,如蒲公英,星星点点,在光明的夜色里,闪烁诗与七月流火。

3

1994年,植树节那天,我取道京广线,朝向心中的"故都"——深圳,开始青春又一轮如火如荼的尝试。一周以后,发表《走进深圳》,接着,《太阳与深圳》挤进特区报。

喜欢《把根留住》《涛声依旧》这样的歌曲,它既是生命的普度又是我未泯诗心的启示。喜欢香港的维多利亚港,曾创作同题诗《涛声依旧》,每次去总要抽时间在维多利亚港湾坐一坐、停一停。

只是，这许多年，诗心停留在1.0时代，诗境休眠。碍于职业之劳心、生计之劳形，迟滞了曾经速率不错的创作。为此，懊伤像一点污渍，落在西装革履。

4

那些浪漫、激情，和生命里的倔强。是这儿。在这儿。

我曾与自己的命运搏杀多年。及早感知社会，形如蜗牛，但对亲疏产生偏爱，在小心积攒的自信中瞭望生活，寻找精神的栖息地。

世界给过我美好。每一次偶遇欢欣，都让我重拾浪漫主义的悸动，尽管扑面而来的多是无趣。

我是我的对手，若干年。我是我的敌人，若干年。我很少给自己温暖，有的多是刻薄。如怨妇。

有时撩起衣袍，准备涉江远渡，告别之际，却不禁顾影自怜，只得拾起笔，以诗笺相告慰，乞求宽恕。

时常跟友人说，哪怕做几分钟的朋友，我从1980年代走来。1980年代才是我的故乡。那些疯狂而愉悦、那些缠绵缱绻而沉浸的日子，我在蜗居孕育诗歌，时有早慧的窃喜，也有营养不良的夭亡，我，卷起高高的浪花把逝去的诗意海葬。就是这样的刻画，就是这样的解锁，打下我诗歌的底色与底蕴，否则，这部《花期峥嵘》不会降生，尽管她姗姗来迟。

那些激情难耐的夜晚、那些与彩霞争光的早晨，我的心中电闪雷鸣，与城市的喧嚣格格不入却又握手言和。在现代都市，键盘终日敲击，却又零零碎碎；锦绣霓裳，躺平后别梦依稀，回忆尽是依傍的菜地、风林，以及为找一口儿时的滋味而巡游街衢。我多想那些旧的青黄不接的文稿还在啊！

5

我不是诗人。昨天不是，明天也不是。可能曾经是。偶然是。

我之为诗，全然激情难抑，不吐不快，但于婉约于豪放，兴高时会自加约束，情浓中难掩疏离。是谓曲水流觞，沉吟静思多；喋喋不休，却又痛快酣畅少。我也曾加入过文学社，还被拥为诗歌组组长。曾经加入过省级青年诗歌学会，参加过《诗刊》社的诗歌提高班。远去的通信、老式的博客、余温尚在的微博，陪伴我的创作，不求热闹。偶尔发现，点击最高的总有万人次，有一回，一首诗，还被"诗生活网"列入前十名。然总览旧作，就是觉得写得太少太少。

我们这一代人经历了岩浆迸发、嘶叫向天、夸父追日似的裸奔……一直在寻找灵魂的家园。细腻、精致、敏感、温情、唯美、隔世，各色毛病横陈。夜的钢琴曲、动物世界的配乐、一个婴儿的笑梦，恰如黄河之水天上来，唤醒、激动，且今夜无眠。唯《夜深沉》曲牌，安好！

从对诗的高深莫测、高不可攀中攀爬，从读诗到习诗，到进入小众视野，这是一个漫长的过程，更是一个跨栏的过程。总是自言自语道：经历了就好。

这本自选集，计划收录旧作近80首，散见于1990年代，延宕至今，诗意颠沛，笔意流离，内心居无定所。因为业余，所以会滥竽充数；因为俗务驳杂，时辍时惰，所以寥寥落落。扔掉可惜，存之可怜。"白头搔更短，浑欲不胜簪。"看在闯缪斯之门多年的分上，尚有一颗不老诗心，就请朋友们、请有缘邂逅的文友们宽宥了。

阅历、阅读、创作的短板就是这样。2004年夏天，在莎士比亚的祖居，请回一尊莎翁的石头造像，供于书橱，时时擦拭。新旧"诗人"的"经史子集"，还会收藏。

我从事教育职业已经四十余年，只是并不教语文或文学。但几十年摸索教育的门径，只觉得"小子何莫学夫诗？"像在说我！

秃笔尚在，诗意未泯。这也是我执意要把这本《花期峥嵘》暗自付梓的原因。

以后呢？余生呢？啊！亦余生之所善兮……

即便"两句三年得，一吟双泪流"；即便"知音如不赏，归卧故山秋"。

是为序。

田国生（耕者）
2021年4月于深圳新世界四季山水花园听涛阁

少年心事当拿云

——耕者(田国生)诗集《花期峥嵘》序

吴思敬

这本诗集的作者是教师,是一位数学教师。在一般人印象中,数学与诗相距甚远,数学老师写诗似乎是很奇怪的事情。其实不然,数学与诗的距离比一般人想象的要近得多。数学不只是数字、定理与公式,更是一种美。古希腊的毕达格拉斯认为,整个宇宙是数和数的关系的和谐系统。法国大数学家H. 庞加莱说过:"感觉数学的美,感觉数与形的调和,感觉几何学的优雅,这是所有真正的数学家都知道的真正美感。"① 而诗也是一种美,美到极致便呈现为一种数学关系。所以有人说:"最高的诗是数学。"的确如此,最好的诗与最高的数学一样,都需要灵感的触发,都充满了创造,充满了想象,充满了智慧,充满了和谐。优秀的诗人能从诗歌悟出一种数学的美,好的数学家也能从数学中体会出一种诗意。从这个意义上说,诗人耕者的数学生涯不只没有遮蔽他的诗歌才华,而且有助于他对诗歌与数、与美的关系的理解。

再以耕者的教师身份来说,教育的出发点是爱,教育是爱的艺术。一位优秀的教师,必是一位充满爱心的人,他爱学生,爱讲坛,爱教育事业。而拥有一颗博大的爱心,爱生命,

---

① [美] L. A. 斯蒂恩主编:《今日数学》,上海科技出版社1982年版,第25页。

爱人类，爱自然，不也正是诗人最基本的素质吗？耕者不仅有一颗纯洁的爱心，更可贵的是，他还能把对教育工作的爱与对诗歌艺术的爱统一在一起。凡诗歌的业余作者都会感觉到诗歌写作与本职工作的矛盾，也无不为这种矛盾而苦恼。耕者却把时间做了合理的分配，本职工作与对艺术的爱好两不误，使他身为教师的一生，转化为诗化的人生：

> 我是一个底层的人
> 但并不肤浅
> 我经常是论文的格式
> 处理早晨
> 正午，又看看绘画和丹青
>
> （《我停下车，告诉你们!》）

数学家的智慧，诗人的激情，造就了耕者的人生底色，也形成了他诗歌的艺术风格。他在诗歌中有这样一段自白："我是崇尚'崇高'这一美学风格的人，在教育工作中，在立世为人的原则中，我是毫不忌讳、毫不避讳论'崇高'的，而且从不在乎俗世的不以为然的眼光和嘲笑。"（《汶川，我的父老乡亲！我的兄弟姐妹!》）正是这颗赤子之心，正是这种理想主义的光芒，照亮了他的诗歌，使他胸中装得下社会万象，肩头承担得起历史的责任，其中最打动我的便是他诗中洋溢的那种少年情怀。

"少年心事当拿云，谁念幽寒坐呜呃。"唐代诗人李贺《致酒行》中的这两句诗，恰可作为耕者诗歌内在精神的写照。元和初年，李贺带着刚刚踏进社会的少年热情，满怀希望打算迎接进士科举考试，不料竟被人以避讳他的父亲"晋肃"的名讳为理由，剥夺了考试资格。在科举受阻后，李贺困守长安，写下了这首诗，抒发了诗人遭受迫害后的一种哀愤之情，表达了他虽备受挫折，但凌云之志不改的情怀。无独有偶，耕者的《花期峥嵘》中也有一首诗，写他1977年参加高考落第："1977年，冬季/那个参加完高考就赶到工地的少年/那个喉结都没有长好的少年/那个上气不接下气的少年/那个自以为公社的高音喇叭/就是时代就是命运就是前程的少年/——腊月间，从县河到夹河沟/从黄滩到并不闻名的阁老湾/把稚嫩的肩膀交给大队书记/交给纷纷扰扰铺天盖地的雪花/交给公社高音喇叭的喧嚣/猛然间，稚嫩的少年脚下一软/比身子还长的扁担瞬间失衡/一则高考放榜的通知，/彻底压垮了我的少年/粉碎了我信心满满的少年//寒风倒逼、雪花如子弹点射/少年倒下，留下一段刻骨铭心的记忆/——那就是我1977，那一天，那一脸'风疙瘩'/四十年悬挂，如悲怆的落霞与贝多芬的旋律/在夹河沟工地/在尚未竣工的夹河沟泵站大堤/凝固"（《我的忧伤·1977的"风疙瘩"》）。高考落第给这位少年的打击是沉重的，丝毫不亚于李贺当年考进士时被无理地取消了考试资格。然而李贺在友人的开导下发出了"雄鸡一声天下白"的慨叹，耕者胸中的少年情怀，也使他从"幽寒坐呜呃"的一蹶不振中醒悟过来："少年的气象/常常是雷电交加/并伴有六月的冰雹/隧道掘进中的塌方……/还有最后的几枚硬币啊/是少年留给记忆、留给自己/仅有的资本……"正是这种难于割舍的少年情怀，使他在生活的逆境中不断反思："无数次回过头/怒视那摊无法收拾的事实/无数次回过头/过滤流失的缕缕光辉/一个少年走不出视野/使所有倚门远眺的日子/辗转相随"(《母校的光辉·一九八三年的那个序言》)。终于他迎来了生命中的春天:

> 多少年,
> 少年的日历不愿更换
> 那是割舍不下的少年的昨天
> 那是撕不开的365日的衣衫
> 那是栽满铁树、凌霄花、
> 杜鹃花、君子兰的
> 花盆和苗圃
>
> 1983年,杜鹃花开了
> 1985年,凌霄花开了
> 1987年,铁树花开了
> 1994年,君子兰迁移南国
> 新的窗前……
>
> (《我的忧伤·冬眠之后》)

几个年份,记录了他的成长,几簇花开,标志了他的成熟。"结束铅华归少作,摒除丝竹入中年",但他的青春不改,志向不移,奋斗精神依旧,少年情怀依然蓬勃。诗集中的诗《光的加速度》,就正是这种精神的写照:

是谁定义了我的年龄

我要用光速追回以光年计的余生

重新拉起风箱

用蓝蓝嫩嫩的火苗

鸳梦重温！

"少年情怀"，是耕者诗歌的一个基调。有了蓬勃的少年情怀，便有博大爱心的涌动，便有敏锐的眼光，便会在平凡甚至枯燥的生活中发现诗情。正如他在诗歌《这个城市有一片树叶认识你》的小序中所说的："来深圳23年。常驻行走，就会有一枝一叶总关情的感慨。本来不想发出去的。在现世浮躁的社会，内心彷徨的时候，诗歌可以以一种简洁的方式使自己平衡；当感到委屈忧郁时，诗歌又是最好的出口。"

作为一位教师，耕者心中充满博大的爱；作为一位诗人，耕者时刻在寻求表达的窗口。爱在他的胸中翻滚着，一旦遇到触发点，便会自然而然，喷薄而出，与少年情怀交织在一起的峥嵘的花期，就这样形成了，耕者也就完成了教师与诗人合一的身份确认。

2021年10月19日

吴思敬，首都师范大学教授，《诗探索》主编。曾任首都师范大学文学院院长，中国当代文学研究会副会长兼秘书长，中国诗歌学会副会长。

把生活过成了诗
——读田国生诗选《花期峥嵘》

程明盛

都说悲悯出诗人。

艾青说:为什么我的眼里常含泪水,因为我对这土地爱得深沉。

生活中,人群里,朋友圈,有的人,以怀着爱的行走,把生活过成了诗。

有一天,隔着珠江口相望的老同事田国生告诉我,拟出一本自选诗集,把这个个人爱好挽个桩,存念而已。

我感动不已,急切地想做他的第一批读者,向他讨来编辑中的诗集,如饥似渴,一个不眠之夜,和着记忆,读他字里行间的人生。

他在《一堆旧钥匙》里说:

锁住的东西已经尘封很久了
钥匙们来也不是,去也不是

他用《一只旧式钟面》,感怀世态炎凉:

它只是一只旧式的钟面
看惯了春月秋风

> 迎来送往
> 人走茶凉

打开第一辑,我就读出了生活的厚重。面对一堆旧钥匙、一只旧式钟面,他看到的是人生和人性。

我知道,看一个人,要看他眼睛向上还是向下,只有那些蹲下来的人,能看到岁月静好后面的负重前行。

于是,字斟句酌,揣摩他人生行走中的目之所及,看到的是悲天悯人。

他在《城市的上空》看到:

> 桥洞　还有人
> 争一席之地

他选择"我会给一切路过的人让路,对小摊小贩充满敬意"。

他的《父亲》里,简单的两个场景,写出了叶落归根的一代农民:

> 在深圳的医院,他吵要回去
> 回去了,他说:这是哪里?

他诗性的记录,把我的思绪拉回到当年,我们一起出发的地方。

那是1994年,我们在孝感市教育局共事,正是单位分配福利房的时点，一套遮风挡雨的房子，花三四千块钱就能拥有产权，但房子没有拴住我们"南飞"的心，我们相继离岗追梦，他去了深圳实验学校，以教书育人为业。

我曾经质疑过他的选择，他是教研室学科带头人，领导着一座500多万人口地级市的数学教研，栖身深圳一所学校，是否有些大材小用？

深圳实验学校以他的满天桃李，映衬了我的狭隘。在这所学校，北大清华、常青藤名校、硕士博士扎堆，讲述着名校里的中国教育。

在这里，他跻身首批"深圳市名师工作室"主持人和第四批基础教育系统"名教师"行列，在工作室第二期挂牌仪式上，他放言：我们会充满诗意地营造一种环境和"意念"，使加入田国生名师工作室的老师们，立意高远，境界开阔，铸造"师魂"，自觉修炼，热爱学生、成就课堂，实现名师的追求和梦想。

他在以诗意追寻人生的价值和意义，这样的诗性人生，是一首生命的颂歌，教人向上向善，超越任何文字。

程明盛，广东省作家协会会员、中山日报社副总编辑，著有《大国空村》《出伶仃洋》等。

目 录

第一辑
忆往昔

- 003 一节车厢的方向
- 005 季节
- 007 一只旧式钟面
- 009 背叛
- 010 种子
- 011 生活对你说
- 012 我的忧伤
- 021 张开夏天
- 023 故乡，种有……
- 024 天啦！晴
- 025 心，如果倒过来
- 027 流动
- 028 写给 2 月 3 日
- 030 元宵愿
- 032 无题
- 033 汶川，我的父老乡亲！我的兄弟姐妹！

	035	春天,对不起!
	038	五月心情
	039	冬天,一种色差
	040	一堆旧钥匙
	042	冬令
	043	母校的光辉(组诗)
	053	对洁白世界的执意挽留
第二辑	057	第一波桃花
在都市	059	2020,匆匆,匆匆
	061	遗弃
	063	其实我很压抑
	065	夜的思
	066	这个城市有一片树叶认识你
	067	新酒干倘卖无写意
	069	把星星叫上
	070	给你鞠躬
	071	这个时季,索性
	073	无题
	075	野生动物的心情
	076	路边拾遗
	078	城市的上空
	080	太阳与深圳
	082	痴人,你呢?
	084	2018 的"山竹"

	087	回归
	089	新边塞诗人
第三辑 **我和你**	093	我跟小朋友们数雨点
	095	深秋写意
	096	外面的风沙沙在响
	098	父亲
	100	父亲走了！
	103	都有一颗红亮的心
	104	父亲的手
	105	忧伤
	107	古诗二首
	109	哀痛莫名
	111	路遥啊！
	113	夏季·石凳上·凉意
	114	为了忘却的纪念
	115	致洗衣的少女
	117	海浪最高处，诞生的一朵水花
	118	未曾抚摸的目光
	120	致小金鱼
	121	我们的笑
	122	光的加速度
第四辑 **远行客**	127	早起
	128	切换

129　那一晚的红月亮
131　岁月静好，我心荡漾
133　蜀道吟
134　灌木丛与哲学家的互访
137　爵士乐的义诊
138　这个世界，哪儿不是路呢？
140　在黑戈壁陈列馆留言
141　向黑戈壁致敬！
143　远方，有一座新华书店
145　超新星的三体世界！
147　扣紧未来
149　我停下车，告诉你们！

152　后记

第一辑 忆往昔

一节车厢的方向
——1980 年代的叙事

总算找到自己的车厢
总算可以掀开尘埃
把一颗颗汉字码成一个心情

车厢里的风像鸡毛掸子
剔除着我皱褶里落满的疲惫
还有左邻的一个浅笑
安然

我要去寻找故人的情意
雪光里风信子的路径比我的好
我采集的都将是遗落的村寨
雨燕。鹧鸪。杜鹃。用羽翼
把我未曾漂洗的天空散开

我的书页忽暗忽明
左邻时而调到右舍
莞尔一笑
差一点暴露我一个冬天的构思

雪花是我的，积雪我不要
车厢是我的，方向我不管
尽管知道闭上眼睛世界就干净了
尽管知道高压线上的情侣一对一对
尽管对风雨中蛛网的耐力钦佩如常
可是，这都不是我的行程单里的
列举

想想这节车厢
窗外的事总是会徐徐退去的
我得紧一紧鞋带
准备徐徐地伴你左右而行！

季 节

季节终于来了
三月风如期而至

行囊里
九泉之下　祖母
殷殷的期待
已经谙熟
故乡的小路　和我一样
缠绕　一夜无眠

三月，一节特快车厢
一件燃烧的绛红色羽绒衣
漂移
这是我的专列
贯通几代人

从此，南方如火
我寄回故乡的火种
逐一传开

许多的归期

厕身于祖母的坟茔
和她绿色的子孙们
说几句先人的功德

一只旧式钟面

在生命的钟盘里
你要得到的
就这么得到了么

滴答，恬淡如初
你说它太慢　太快
都不太仁慈

它只是一只旧式的钟面
看惯了春月秋风
迎来送往
人走茶凉

你长年累月的奔讨
如一只战马　啸啸
你左冲右突
追赶　斜刺
还是一根秒针

有一天，你盯着这只旧式的钟面
似乎领悟到

生命的钟盘　只是一种关系
但你不接受这种各安其位的秩序

背　叛

扔掉自己
要像飓风扔掉无人问津的小屋
扔掉自己
要像太阳扔掉致盲的云翳
扔掉自己
要像火山扔掉试图遮蔽火山口的岩泥

假如我扔掉自己
就得像春天扔掉冬天
假如我扔掉自己
即使做秒针也要一格一格追赶时针
假如我扔掉自己
就像树干毫不留情扔掉树叶发黄的记忆

春寒料峭
分秒必争
这个季节的呼吸
我满不在乎的
就是扔掉自己

种　子

沉得住气并非为了默默无闻的种子
以力的突破拔地而起一开始就拉开架势的种子
发达的根系着昂扬的头固守着信念的种子
绿色尽染宣布盎然的生机证明成才有路的种子
在挺举的构架中能够参天却也不计较高度的种子
掷地有声不是高歌成熟的音响
而是重托泥土告诉未来的种子
做种子便是种子

生活对你说

生活对你说
你喝一杯啤酒吧
就像那些女人那样喝
就像那些盲人那样
　把骨头连着皮肉囫囵地嚼
咽下去
　咽下去

生活对你说
你尽管吃吧　吃透
可别吃饱（小心撑着）
当你发直的双眼盯住每一个角落
你会忽然觉得一切你都曾吞吐过
你会说
你或许理解了生活

我的忧伤

我的记忆。
——献给同学会的组诗

1. 散落

散落,
花了40年
重新拾起!

散落的
美妙的少女
散落的
那些春天的气息
散落的
深眸　以及
带伤的教育

散落,
散落一地的忧伤
哭泣,分离,孤独
还有汉字,两地书

兜不住

一个

少年的无助

散落一地啊!

散落一地

整整 40 年

没法拾起

2017 年

7 月 15 日

40 双手,

将 40 年的散落

——拾起!

有情感的定向爆破

让能量聚集

有五色的视线

沙沙,沙沙

同步交织

心潮翻涌

台风来袭

——这个夏季啊!

这个夏季!

将 40 年的散落

——拾起

2. 1977 的 "风疙瘩"

那是一个冬天
一个沉重而又脆弱的冬天
发抖、疯狂、躁动
如同洪峰到了汛期
如同婴儿索要母乳
公社的高音喇叭
把冻僵的泥土彻底掀翻
再一字儿码起
——寒风阵阵，村庄不稳
气温散失，风雪狂舞

夹河沟，汉北河
你去过吗？不！
你用扁担，用铁锹，用挖锄
撬开过封冻的泥土吗？
你站在漆黑的沟底
用冻得失去颜色的双脚
跟孔武有力的父辈们亦步亦趋吗？
你失去意识，却以三级跨越的意志
把一团团沉睡的泥土
举过双肩送到新的坝基吗？

——沉睡的泥土啊，踉踉跄跄的少年
常常倒在麦地倒在一起

1977年，冬季
那个参加完高考就赶到工地的少年
那个喉结都没有长好的少年
那个上气不接下气的少年
那个自以为公社的高音喇叭
就是时代就是命运就是前程的少年
——腊月间，从县河到夹河沟
从黄滩到并不闻名的阁老湾
把稚嫩的肩膀交给大队书记
交给纷纷扰扰铺天盖地的雪花
交给公社高音喇叭的喧嚣
猛然间，稚嫩的少年脚下一软
比身子还长的扁担瞬间失衡
一则高考放榜的通知，
彻底压垮了我的少年
粉碎了我信心满满的少年

寒风倒逼、雪花如子弹点射
少年倒下，留下一段刻骨铭心的记忆
——那就是我1977年，那一天，那一脸"风疙瘩"
四十年悬挂，如悲怆的落霞与贝多芬的旋律
在夹河沟工地

在尚未竣工的夹河沟泵站大堤
凝固
……

3. 冬眠之后

在这个世界上
知道冷,不一定非在冬天
我的日历
小寒、大寒两种节气
曾经交替过多年
月光常在我的窗台,探测
一个少年罕见的低温
我的树枝好多年
好多年　冬眠

我的白天
常常从晚上开始
窗前的那盏油灯
是少年唯一的太阳
世界倒下,悄无声息
只剩下,少年和他愚公般
试图推翻的大山
还有西西弗斯的
倔强、抗衡

少年的气象
常常是雷电交加
并伴有六月的冰雹
隧道掘进中的塌方
两颗孤心守望的眼睛
在黑暗与黎明的交界处
在沉睡的村庄
翻山越岭，
寻找春天

那个时候
与少年相约的
是初春的蝌蚪
是木槿的花蕾
是远方飞过的大雁
是蜜蜂在油菜花里
钻进钻出的身影
是汉字、英文和方程式的
翻来覆去，辗转不眠
还有最后的几枚硬币啊
是少年留给记忆、留给自己
仅有的资本

多少年，

少年的日历不愿更换
那是割舍不下的少年的昨天
那是撕不开的365日的衣衫
那是栽满铁树、凌霄花
杜鹃花、君子兰的
花盆和苗圃

1983年，杜鹃花开了
1985年，凌霄花开了
1987年，铁树花开了
1994年，君子兰迁移南国
新的窗前

冬眠之后
我的汉字、英文、方程式
跌跌撞撞、纷纷攘攘、雪片般
从365个日子走出
围住已经老成的少年
问了365个问题
最后一个是：
主人，那么冬眠之后呢？

4. 我该走了

我该走了

亲爱的人儿

那边还有些事

有的沟渠还没有挖通

有些地头还要撒把种子

有的修造刚刚起步

南边的脚手架，正在加固

晚上还得熬夜

当然，更多的时候

还是早起

40年啊，

等到7月15日

熬到7月15日

我满心满意

  诚心诚意

  一心一意

我的一双眼睛，

一个熬成了太阳

一个就像月亮

一边是激情放射

一边是杨柳依依

我亲爱的人儿

我该走了

我又要走了

因为知足
因为铭记
还有啊,
因为下一页的日历写着
加油、出行、架桥、开工
为"宜"

我要尽快地与朋友们告辞
与心上人告辞
与太阳月亮们告辞
我的双肩
我的口袋
我的呼吸
我的箱底
被幸福,被欢喜,被炙热的夏日
塞得满满的

亲爱的人儿
我该走了
散落的天涯路
已经被重新拾起
一颗经历了7月15日
浓情濯洗的太阳
正在新的地平线分娩
前方的路太痴迷
保重!珍惜!

张开夏天
——献给我暑期的教师们

夏日里
所有欲望显得汗渍斑斑
城市热烈的潮还在看涨
季节早已滚烫

在阳光背后
有苦心经营在持续着
任何流行的热点都已
白化为佐料

在阳光背后
一切考订和勘探
　不再担心围观
贫白　将被居室的搅动
吹塑成世纪的绶带

阳光背后
将有求证的轨迹设定坐标
而且强调
营造时空也好营造风景也好

等到　白桦林的小手们
在城市的上空噼噼啪啪
鸟瞰　阳光背后有另一个张开的夏天
也许　一个裂变的太阳
在深秋在严冬因着更独特的辐射
而雄放

故乡，种有……

我们!
移栽千年的枫树
美丽岛的风帆云梦
手臂加长扣不住天涯
拥抱的不是力量是时长

故乡
每一次栖息总是一地落英
筛过千年
深陷　溅起
黎明　与黄昏传唱
一曲星光荡漾

回也是走
夜雨，用湿发言
同时，缠住脚跟和衣袖
樱花发出的纯情把春意
把铃木光子洗得发白
无声的歌谱挂满
点点滴滴

天啦！晴

窗帘布重新染色了
漂洗的质感
天空有请勿打扰的清静
天啦！是晴返回！

城市的花园
有外地的猎人瞪着窗似的眼
在寻找温情寻找炭火
煲一锅鲜美
旅人的肠胃肝胆
体验翻晒的母亲！

江流。黄鹤。
彼此告慰于巡游
春雷仍在存放状态
前天，试爆一枚
提前祝告
春天第一组和声
莅临

心，如果倒过来

心，如果倒过来
就像船的沉没
放心不下的三样东西

一定会问，我爱你！
你不能不管不顾
一定要问，除了我
你还能装下谁
一定追问，请你还债
还有在心中寄存的年利

心装不下三样东西
一如火山，让流淌成液
一如火焰，着烤蓝状的文身
一如火星，吻之溶解满溢

我掌握不了这一艘船的锻造
季风已起。
午夜。金钟罩。
十根手指。放在 1 点 35 分
溢出的心，承载快乐与梦魇

明天，我提醒你
小心，心心相印！

流　动
　　——夜读

一个夜晚，
酒意。爱抚。相拥。
都是顶端的流动
翻炒多年的章节
落入云霞
诵读。香茗。
把发酵的疑虑吞咽

绿和黄，缀满仲春
沉淀，被暖意唤醒
樱花尚未开放地在催促
明眸皓齿
希望有时机解说满腹的立意

流动，如电光石火
这个春季，花期都到了
最新的版本将趁黑发行
灯光　月华
　如水

写给 2 月 3 日

2 月 3 日,
南国可能有一场雪
从今天起
北方、南方的气温开始反转

2 月 3 日,
北站的风会撕扯衣角、发丝
还有沉默的行囊

车站里到处都是站姿不稳的人,我也是
我的蹒跚、踯躅,我的佝偻
全在于归巢即将空空荡荡

北方啊!
我的土地!我的鲜花!我的故里
我留不住,南方牵手北方
夏日的海浪和深秋的依傍

车门肯定是一道伤口
车窗肯定是一路疤痕
雪花和风千里追寻肯定是疯狂的踢踏

旅人的双臂在箍紧啊,因为降温了,温差太大,
因为,更大的寒潮将在转身之后

元宵愿

如果把一个汤圆做成足球状厚实
儿童们会踢开它吗?
如果用一个汤圆能遮住十五的月亮
留守的孩子们会怎么想?

一个人吃六个汤圆
汤圆会涩会很辛辣
每个人吃六个汤圆
汤圆会很淡很腻

有些家庭只有一个人!
留守的儿童们会祈祷:
月亮不必太圆
当然,汤圆的火焰
会吞噬思念和愁苦
白糖红糖都会在睡梦中
焦化　炭化　气化

汤圆的产量早已很高了
糯米是许多留守儿童的爷爷奶奶自家种的
他们吃不了

拿出来卖点钱换成电话费
他们把糯糯的情感懦懦地
打给外出谋生的子女

今天，汤圆在一些家庭
是绚烂的肥皂泡
在一些家庭是黑色的泪珠
在一些地方，比十五的月亮还要大一倍两倍
在一些地方，汤圆煮烂了，变黑了
可能来不及吃或者吃了一个两个就放下了……

无 题

——端午节

过去,很多人
没有粽子

现在,很多粽子
却没人吃

五芳斋,端州粽
越做越精

人,越来越远

也不知道屈子
是否有关于端午的
新版天问

也不知道没吃上粽子的先人
(比如我们的祖母)
是否笑我
身在福中
不知福

汶川，我的父老乡亲！我的兄弟姐妹！

我能为你们做点什么？

我想到了王家新《致唐山的树》，这是一首我非常喜爱的诗！一首我读过很多遍的诗。在我的心里，它已远远超出了诗的范畴，它比所有励志、发奋的文字都更强大，更有精神和生命力。我把属于诗人，也属于我，属于我们一代人的这首诗献给你们，献给汶川地震灾区的父老乡亲、兄弟姐妹们！

我能为你们做点什么呢？默哀、祈祷、眼泪、辛酸、等待、盼望，陪伴了我七天，可是，这够吗？不够，我知道，这很不够！

2006年暑假，我去了一趟唐山，怀着非常单纯的意愿去看看唐山，看看30年前、30年后的唐山。

我是崇尚"崇高"这一美学风格的人，在教育工作中，在立世为人的原则中，我是毫不忌讳、毫不避讳论"崇高"的，而且从不在乎俗世的不以为然的眼光和嘲笑。2006年，我四十多的年龄，已初通国家观念、历史责任的命题，所以去了一趟唐山。因为30年前，我们少不更事；30年后的今天，我们能行走、能装下历史和社会万象。我们这个年纪的人，要有唐山的概念。

在原唐山矿业学院的地震废墟的探访途中，我遇到了一位30年前参加过唐山抗震救灾的老人，听了这位老人的讲述,我的心灵的震撼是非常强烈的。在原唐山矿业学院的地震废墟的纪念碑上,撰刻着一个指向"4点23分"的时钟,我站在那儿足足30分钟。

多年前,我曾在市奥校教过一个唐山的孩子,也见过这个孩子的父母(唐山大地震的两个孤儿)。他们曾为孩子的学习拜访过我,因为我早已读过钱刚的那篇《唐山大地震》的报告文学,所以不期然地谈起唐山大地震。我看到那两张至今依然不那么鲜亮的面孔,那样依然没有褪出的被泪水冲刷过的面颊。记得当时我无论如何不肯收下他们带来的礼物,然而,一句"老师,我们唐山人的心意!"让我羞愧不已,我的太太也已泪流满面。

汶川啊,我回忆这些尘封的记忆,只想告诉你们,告诉汶川,我们把你们装在心底,永远不会忘记!

捐款,容易;认养,愿意;支教,都可以!但眼下我们真正能做好的应该是把陪伴、把牵挂、把祈祷安放在心底。

——汶川的树啊,汶川的兄弟姐妹,汶川的父老乡亲!

2008年5月18日

春天，对不起！
——祭我们忧伤的岁月

昨天，我们开很远的车
去外乡看油菜花
各地的人都在看，
都在温习小时候的故乡

我们最好的朋友
只能说一次话
第二次就不愿意
——忧伤的话题
蜇伤对方

我们回到故乡
老一辈的姨们
她们不再有纺车
日子已经不会拉长了

即使远道的亲戚
也不愿住下
因为除了喝一餐酒，
面对面的，

将是蘸着酱色笑容的忧伤

我们也会坐下来
泡一杯茶，嗑一堆瓜子
可是听到的只是上下齿
不经意的对话
我们的神思与有品位的舌头
不在同一线上

我们还要洗碗
洗另一位扔下的碗
用很多洗洁精
去掉灶台的油腻

我们通过互联网
虚拟与世界的关联
可是——
坠机了
阿尔法狗战胜了李世石
我们不知以后怎么看待人
和人类

明天周一
道路会很塞，绿灯很短
面对形形色色的同事

堵车的神态
办公台的电脑会忙得低烧
我们不带任何温情关掉电源
然后将车开进堵塞的道路
在红灯很长的路口调整
隔着春天的呼吸

五月心情

日子,
紧凑,
像一颗易碎的核桃。

周遭太闹
我的心跳,早已失控
树冠上的那只青鸟,
来得快,逃得快

满眼是墙的日子
只有古典,只有爱
才能替我穿越

我不想麻烦你啦
我得收拾残生
从树梢,找我的青鸟去

我的青鸟
能啄穿六颗核桃!

冬天,一种色差

南国,冬夜
山色灰沉
风凉初透
一个人的道路
车辆、宠物
绕行

三十余年前
同样的行走
冬夜,寒气逼人
泥泞、野猫、孤魂
惊惊乍乍
尚存的一口热气
鞋帮开裂,牙关暴露

于今,芦苇、麦苗、堰塘
艰涩地悬吊在残存的故乡
风景、名胜、地理、人文
却总是雾里看花
我知道,我的天空
并非彩霞满天

一堆旧钥匙

许多的旧钥匙
曾经醉心于这个家
家里的故事
它们很熟悉,但一概不说

如今,
它们有的老了,就要退了
历史,
应该做点仪式

多年前,
有一个叫梁小斌的人,
吼叫过,
说中国,我的钥匙丢了

现在,家里的钥匙太多太多
可是,不是所有的地方都用钥匙
不是所有的钥匙都在使用

而且,锁住的东西已经尘封很久了
钥匙们来也不是,去也不是

而且,有的东西也上不了锁
钥匙们帮也不是,管也不是

冬 令

冬令　在这里
已不再是阴风怒号
冰雪，只在故乡的梦里
倒挂屋檐

我在南国
寒冷的值
在平均数以下
太阳在海面
报出 30℃的高温
并察言观色

我面朝北方
想冬令　想绷紧的树干
想风口浪尖　想凋零中
白鸽飞过的希望
太阳染上绿色

母校的光辉（组诗）

——写在汉川师范建校 35 周年校庆的日子里

1992 年，我还在孝感工作，那年，汉川师范将迎来建校 35 周年校庆，我收到程金阶校长寄来的邀请函，并嘱我写点东西。大概酝酿有一周之久，终于有一天，情不自禁，发狂写下这组诗。随后，回汉川师范参加校庆活动，并节选朗诵了这组诗。程校长厚爱，后将这首诗发表在《江汉》1994 年第一期。至今 25 年了。

从 9 月 10 日教师节到这两天的中秋节，总有一种情绪在萦绕，那就是对汉川师范、对同学们的怀想。今日得便，手输存档，并发给"8304 班微信群"，以表同学情意！

1. 一九八三年的那个序言

惭愧
读过五年半的小学
也上过四年开门的中学
从未意识到
在能自觉书写的时候
入木三分的会是
　惭愧

无数次回过头
怒视那摊无法收拾的事实
无数次回过头
过滤流失的缕缕光辉
一个少年走不出视野
使所有倚门远眺的日子
　辗转相随

于是
一段形如钢锉的誓言
把发锈的记忆砥砺得心碎
于是
如禅悟
体认远方天际的光辉

母校啊

一九八三年
即使属于最低档次的瞬间辉煌
而我终于寻访到
有一位宽如门板的身影
在江汉侧畔
　黄龙湖边
从我单薄的书箱前
　重重地压过

从此,那副眼镜
　那个气度超常的"传教士"
立成我一九八三年的那个序言

菊香
琴韵
跳跃着勃勃生机的气息
卷压过头顶　如潮
把那个序言磨洗得
熠熠生辉

于是
我把紊乱的情绪赶紧召回
以内心独白的方式和结果
在那个序言下重重地签署了
　一个学生的名字

于是
那个序言以尖锐分明的镂刻
开始塑造一个还来得及
　塑造的年轻的石碑

2. 接受阳光

是的

我来自田野田园
但我感伤那里曾经的干裂
那是一种无法概括的干裂
我没能像那个波兰的钢琴诗人
　　吻别而深藏过故乡的泥土
可我将以帕瓦罗蒂
　　对付高音 C 的穿透力
来理解和化验种种贫瘠的土地
因此，在蒙蒙春雨下
　　只知道湿润
　　　　　　湿润
因此，在太阳的辉映中
　　接受阳光

阳光温暖
洞穿身心沉积的虚寒
尽管寒战在齿缝间磕碰
但层层如彩练的师爱
冥冥中感受来自教堂深处
　　华贵而圣洁的情怀

一双双手
是最执着和炽热的扶持
如阳光之臂弯
一双双眼

即使隔一层镜片
也深含照人的光彩
那是过滤了的
　炙手可热的聚光
那是晴朗的智慧的太阳

从讲义的开合
到纷纷扬扬的粉尘下
我以窥视的目光盯梢
郭沫若侧身石榴花边写意
冯特组建第一个心理实验室
还有清清白白如豆芽苗的那些
　可口可乐的音符
以及米开朗琪罗给大卫的力量

3. 抒情小曲

（1）关于红烛

"红烛啊
　这样红的烛
　诗人啊
　吐出你的心来比比
　可是一般颜色"
多年后，闻一多塑像前

我以静穆之情暗自吟咏
在闪回的画面里
我终于捕捉到母校那个戴眼镜的先生
当初雄浑得有些喘息的朗诵
我开始铭记
这里有一支
　一直燃着的红烛
在那样苍白的季节里
一所乡村师范
有一支神祇般燃烧的红烛
我不能不注意
这里根根苗壮的红烛
　具有的某种气度
等待火焰接受火焰如火如荼
于是，我必须流一次泪
　　　面对那支燃烧了 16 年的红烛
　　　彻底地流一次泪
　　　必须在告别母校
　　　完成最后的火焰接种的夜晚
　　　以红烛的精神做一次试燃

（2）未名诗人

我是烛光文学社的第一代
　未名诗人
我是抹过泪珠后请求

老校长的毕业赠言的
"诗美化人　人美化诗"
若干年后，当我游历
亚里士多德的《诗学》
贺拉斯的《诗艺》直到
与宗白华《美学散步》
我才悟出
那个戴眼镜的先生
方正之言的全部叮咛
做美的人有人的美
将是那年轻的未名诗人
　耕作人生的集约方式

放心吧　母校
即使终身是一名未名诗人
但我穿梭于美行进于诗行
总会有一种梦幻般的温馨附着
使我面对母校闪烁的烛光
　动情
而我终于得以握紧从母校接种的笔
来书写以母校为圆心的
　呈辐射状的诗句
以验证母校之爱的一色辉煌

（3）**记得吗，校长？**

校长我尊敬的校长我跟您吵过您还记得吗？

谁叫您教我们理直气壮不媚时不阿世做挺立的
男子汉像您那样背手一打器宇轩昂
校长您不知道其实我胆小怕事但自从走进您的
视野步伐您效法您有一天面对您唇枪舌剑干起仗
来不气短不心慌竟也像模像样
校长我早听说您能说会道出口成章所谓说不清
是不敢在您嘴边逗留
您雄辩善辞令或争鸣或游说或立论或诘难您很少输过
可我初生牛犊较上劲也巧舌如簧竟敢顶撞亮嗓子
动齿唇明是非争曲直不想认输
校长从那以后我不振作不主动学生会主席也不干了
闷罐子一个读《莎士比亚十四行诗》看鲁迅《狂人日记》
有一次躲进图书馆翻恩格斯与黑格尔
还被夜巡的教务主任训斥了一顿
可校长我尊敬的校长您不理我我好伤心好委屈
可真没想到去汈汊湖划船您不忘带上我一路风趣
幽默如艳阳朗照沐浴那伙未名诗人感染得我暖透全身
于是有了那组诗通过电台走进听众心中
您把那一元二角钱的稿费塞进我的口袋说
这次交的答卷不错
我嗓子紧鼻发酸于是发狠把那个最初的稿酬珍藏
至今惹得银行职员背地里不知埋怨了多少年
校长我尊敬的校长离别之前的最后一个夜晚月华
如练天地生辉您猜我干啥
我绕母校一周然后以劲迈之履潜入黄龙湖

劈波逐浪游向对岸

以裸雕的站姿放目于我深爱过求索过

寄托过两年的母校

我要让母校一无遮拦地打量我检阅我比试我运算我

而最终鉴定我

就这样校长我尊敬的校长您把烛光引向我

第二天

清晨就放飞我让我去开拓去施展去创建……

4. 走向二十一世纪的序曲

很遗憾

我不会作曲

但我引来库尔蒂斯兄弟

《重归苏莲托》的小行板

来礼赞山水相托的那所乡村师范

同时以船夫对故乡深沉的爱

　顺汉江洒一路《威尼斯船歌》的缠绵

祝您吉祥　母校

祝您健康长寿　母校

那只放飞的鹰面向您操起有如夏里夏宾的男低音

引吭飞向二十一世纪的序曲

如果我飞临母校的上空

　将有如歌的行板在那里咏叹

如果我飞得更远

将有鸽哨替我把捷报频传
也许不会响亮
　　但会有展翅的风光
也许不会辉煌
　　但会有众星伴奏
撞击新世纪的交响

对洁白世界的执意挽留

飘落是那样洒脱那么洒脱的飘落

从高危之巅起跳免不了有些飘忽和失重

但义无反顾从容着地而且棱角分明

美丽的白雪用撕成碎片的决心

把积习深重的小巷

(一切的寒碜和威风)

都深深地封冻起来

洁白的银片以朴素的凝聚缀成公共的美丽

(铺天盖地的用心远非如此)

在洁白的世界里

雪光免费的映照比最高档的面霜

还能弥合年迈的皱纹

笑声宽敞了

红颜色格外好看

格外好看的红颜色弥散开来

小男孩小女孩如脱兔

童话着白雪远离现实的个性

随后

白雪深厚的铺垫使得太阳光芒四溅

于是
白雪全身心遗忘在阳光热腾腾的臂弯
于是这世界
　便多了几路清白

第二辑

在都市

第一波桃花

冰挂说：我是有体温的
桃花说：我蹭过你的热度

只有海天和山岚的风
配得上这样的对话

而我们
还在小巷的回忆里辨别春意
在老奶奶的烟囱中找寻失散的爱
在一本书下落寞得
泡不开一壶老绿茶

春光美。
我们在边塞
——这南国边陲，
怀着复杂的心情
　访问第一波桃花

就是这样翻来覆去，
把这一波桃花唤醒
像炒一盘板栗

非要绽放才肯驻足
而不是离去

梦见了几个人
一下子觉得了亏欠
觉得应该参加他的葬礼
冰棍凉了,
要去热一下。
这句广告词大有文章

2020，匆匆，匆匆

2020 匆匆

匆匆……

孩子们的节目

如蝴蝶把春潮与秋声

客串、模拟得如此之好……

下楼了，又遇到一个可心的人

2020，总觉得

一片树叶

还未落下

春衣还未干透

心与心情就像折叠一块塑料皮

容易弹起容易反复……

2020，我们的眉宇

时而像冰挂

时而像雾凇

连蚊虫路过

都绕行

2020 年啊

我总想找到窗前那片
旋转不知凡几落在何处的树叶
想存放几条有力的问候
想找到撕下的每张日历和
　一些温柔的瘢痕……

遗 弃

我的窗外
一件背心　吊挂树梢
飘荡　挣扎　直到午后
主人呢?

原本都在家中
彼此有温度地厮守

在高高瘦瘦的树杈
一件背心
孤零零地　摇曳　翻滚
在我无助的眼中
请求过救助么?

在这样的日子里
没有人会在意它
因为路上已经没有人的走动
偶尔几声脚步
头缩进衣领　成为一只只旱龟

就在不久前，

人的好奇心可是无处不在的
窥视　犀利到
绝代　旷古

这件背心
依然在挣脱　在扭动
十多分钟了
在低落的空间
找人

其实我很压抑

我已经习惯于寂静无声了
我家对面三米是一只知更鸟的家
我们昨天相望　彼此对视
知更鸟飞进一棵棕榈树

有那么几天
我数窗外的车辆
仔细分辨车里人们的表情
晚间　我失望于曾经清凉多趣的谛听
书页滑下膝盖
我第一次不再躬身拾掇

我在家中暴走
从六千步到九千了
仗着酒劲　掷地有声
试图挽救我从未愧对的早晨和黄昏

已经连续多日寻思：
假如这个世界上只有我一个人了
我会？
我想，我大概只会回到人类的原始状态

——寻找食物和同类
我会贪生
我会拒绝进化
我会把一支秃笔和几页诗稿
趁早放入我徒手刨出的墓穴

夜的思

念!
总是像田爹爹上街　乘人不备
给他孙子捡回的一根油条

夜,
总是像家姐纳的鞋底
把我们 一针一线
扎紧!

家,
如同一根褾子
把大大小小的一群亲人捆扎,收紧!

一杯酒
怎么落得到心底?

浓也会嫌淡的

总是这样的月夜
抬头是噙满的一汪夜月
低头就是沉沉的追思

这个城市有一片树叶认识你

中午散步所得。来深圳 23 年。常驻行走，就会有一枝一叶总关情的感慨。本来不想发出去的。

在现世浮躁的社会，内心彷徨的时候，诗歌可以以一种简洁的方式使自己平衡；当感到委屈忧郁时，诗歌又是最好的出口。

果然，遇见一个人，
一个过去的学生
他是在这个城市出生的
不记得是 80 后还是 90 后
脸色有些年头了

我问他做些什么
他说，做儿童的平衡车
我想，这个城市开始有一片树叶也认识他了

树枝上的树叶总是成对成双
彼此熟悉，彼此向往
更多的时候，它们望着城市的行者
时不时低头打听
你呀，来这儿多久了

新酒干倘卖无写意

这些形状各异形态各异标签各异的酒瓶子
这些装过阳光装过思想装过细腻心思的酒瓶子
2020年1月2月3月　与我不期而遇
我们的对话简捷爽朗直奔主题
你情我愿两情相悦走出走进
把一个因大量吞咽辛酸而有些磨损的喉头加热

这些从异地他乡急匆匆而来的酒瓶子
这些封存了主人最美心愿和祝福的酒瓶子
满满当当饱含热烈的情义绵长的抚慰
走向四方走向小区的门洞
对谁都是开心都笑容可掬的酒瓶子
把主人的托付时时谨记于心不见人不开口的酒瓶子

这些成色醇厚不染杂质的酒瓶子
这些被主人贴满殷殷交代、说明、公示的酒瓶子
这些长途跋涉来到千家万户不论贵贱的酒瓶子
像一名社工一名志愿者设身处地为新的主人寻找最好归
　　宿的酒瓶子
存在的意义就是奉献就是真爱就是一颗透亮的心
直来直去无须三思而行将火热的内心倾情流淌的酒瓶子

让红高粱的记忆唤醒更多的红高粱如火炬彼此照亮的酒瓶子

让城市的每一扇窗开得更大让家家户户的小气候流光溢彩的酒瓶子

让不太稳定的结构互为依靠让年长的摆渡人笑看云卷云舒沧海依然的酒瓶子

把星星叫上

一个世纪。狠心啊!
穿越之痛。还是痛。
两双足印,任由沙滩翻拍
从此,天文单位。
火化了!

丁香。兰香。
海浪醉了一夜。
就是涨潮
就是疾风骤雨
就是
海天一色

嗯,
替我谢谢啦!海风
明天回来　祭酒　献花
再把我的星星叫上
跪于爱!

给你鞠躬

在海滨，邂逅一只猫
喂它鱼和鱼骨
片刻后，我猛然发现
我该给你鞠躬

我把最好的部分享用了
把细腻、柔滑、绵绵之外
抛给了尘埃之光

就着一勺鱼汤，把羞愧吞掉
就着远方的渔火，为你订制了一副画框
夜之海鸥　娴静娴雅贤淑
如同浪花飞溅

夜确实是为深沉量身定做的
如果说二十世纪横跨过亚欧大陆
我才知道新的年华似水
流进一湾海床
除了给你鞠躬，我还能做些什么呢？

这个时季,索性

这样的雨
是我漫无目的的投送
热浪,
是北冰洋的布道
其实,我醒着
等你,接收
昨天的不管不顾!

衙斋,驿站
都在风雨的护佑中
我满舵好几个时辰
才给送伞的异乡人
织一抹雨帘
我的心滴落
溅起红尘

明天,我有剧烈的向往,
像九月的那次"山竹"(台风)
在都市的落地窗下,
寻找,详细地寻找
我已混沌的出海口。

是你，对
是你逼疯了我
至今，让我淅淅沥沥
潮湿是要发芽的
我的太阳，爆裂
燃起的烈度
什么时候不再被浇灭呢？

无 题

惊雷，撕裂天幕的那双巨手，
可曾温柔地抚摸过层云。
万千雨点从天的裂痕中苍苍莽莽地跌落，
像针一样刺进大地的心脏。
衙斋无言，驿站无声。
点点滴滴的雨，
揉进午后碎梦里。

夏天的芭蕉，
露台的樱桃，
清凛的风，
沐雨而生的遐思，
潮湿季节的胡言乱语……
一切都披着水淋淋的外衣，
等待着一场酣畅淋漓的超度。

把我从睡梦中唤醒的，
不是雷声，
是你的咒语。
是由远而近的敬畏，
是遥不可及的思念，

是零落成泥的清欢,
是一晌贪欢的独白。
你带来的畅想,纵横千古,层云暮雪。

空山新雨时淡雅;白雨跳珠时忙乱。
沾衣欲湿的朦胧;竹斋眠听的从容。
便纵有好雨知时节,
怎奈何梧桐兼细雨,点点滴滴。
也无妨,
一蓑烟雨,两袖清风,
任平生多少事,都付笑谈中。

野生动物的心情

某一天，
当一回野生动物
也许，不须公投

把文字丢掉
把华丽的道袍褪下
把文明晾在一边
把空间和藩篱
拆除

我们还不太认识自己
像古希腊的童年
像北京猿人不曾料定的
今天

月色朦胧
光明磊落
　　还有一分钟的踟蹰
去当一回野生动物。

路边拾遗

可爱的巴儿狗
可爱的小巴儿狗
跳荡着乖觉的
小巴儿狗

都市风景是一朵迷幻
汪汪　稚气　常常不知所措
褪去了个性和风骨的
小巴儿狗

可怜的　可爱的小巴儿狗
尊重孤独　尊重粗鄙的高贵
那些莎士比亚讨嫌的贵人
并不重要
你舔舔嗅嗅
足够了

在别墅里
你蜷曲也好
在夜巡中
你瞻前顾后也好

有一口饭吃
是你最大的悲哀

城市的上空

城市的上空
楼群　探头探脑　像爬山虎
麻花状的立交
把城市绷得紧紧的

即使月光下
对城市做诗意的鸟瞰
网　过密　人影　跌跌撞撞
拥挤　扭曲夜幕

城市的酒盅　你执我执
酱色的轩尼诗　闪耀的拉菲
细品　有烧焦的苦涩
春风得意
吞下的也有泡沫
桥洞　还有人
争一席之地

节奏　力度，攥着野心
时有搏杀
溅起烟尘

霓虹灯失之于幽暗
和主题

车间在组装　拉长驱赶羊群
轮式的城市
碾轧思辨　和深沉　和优雅
绿萝　藤野　钻天打洞
美感　落败于未经打磨的粗粝

爱城市！
硬化的街巷别说成城中村
艺术大师的第十一根手指
比如卡拉扬比如陈燮阳
需要城市的上空
如歌的慢板配送奏鸣曲

太阳与深圳

宇宙深处
喷薄而出的辉煌之心
高悬于万仞

一条小河维系的土地
十五年
有最灼热的目光
尽情投注

多少年来
多少年苦守
洞悉了一切艰难、阵痛
和南国绿柳第一次的温柔

缕缕关怀下
终于有
五彩的笑靥开始创收

在金灿灿的河谷中
更有止不住激荡的
高楼、车轮的律动

天地间这段热情的故事

绿化了
河套边失血的皱纹
朗朗清辉
在稚童的眸子中
闪烁明天

痴人，你呢？

有人画梦
有人写梦
痴人，你呢？

梦，应该定义为我们的
五维世界了！
我们实现了时空的穿越
我们和心爱的人在一起，美如歌剧
我们锁定温情追梦余生
同时发泄对世界的质问如集束子弹
我们破解自身之谜
把喜怒哀乐一一摊开

五维空间，没有睡眠
没有阳光，也无风雨
我们心头的闪电
照亮路人
即使一段哭泣
也是坐拥温柔

画梦的人啊

写梦的人
快快与我互换痴人的梦魇
反正晚霞会启动我的五维空间
反正我的全部真实剧透，只在此中……
我还是希望用歌剧的酣畅吹拂我的
荒野、胡杨、时针，还有那
无尽的诗意和爱憎……

2018 的"山竹"

我一直以为,
那一场台风,叫"山竹"的台风
是母亲的一场失恋
母亲的失恋,当然是台风级的

亿万年的地球
亿万年的母亲!
母亲,匍匐的、日夜兼程的
母亲,用孕育,用中式的、西式的爱
用亿万年的热情,如煤炭的烈火,如海洋的吸纳
构筑爱情

爱情的巢穴,
在树冠展示高度
在淋漓的拥吻下析出甜美

于是,母亲
借助父亲的阳光
沁园春里的雨露
竹枝词卷帘让黄昏去找父亲

2018，山竹
母亲不高兴了
沉默就是预警
海啸，并不说来就来
母亲隐忍　把山崩地裂的征候
挂上风球

那一夜，我如此无知
睡得很沉，直到母亲疯狂的拍打
直到我的爱从巅峰处蜕下
我默默松开　释放怀抱
对着母亲说，我将随着母亲您醒来

母亲，山竹中的母亲
那一天，她不再相信她给予自然的法则
她把所有的频率调到颤音
把圆号大号的叫嚣
把唢呐的尖锐，
全部教训得一如低音的一组小提琴

2018　山竹过后
撕裂　是一番惩戒
满目疮痍　让我们质疑无变奏的主题
我们贪恋每一个交响乐团有最后一曲
我们忘乎所以的掌声

没有送给母亲
望海的母亲
问山的母亲
春夏秋冬守秩序的母亲

山竹之夜　体验了一夜疯狂　无知
第二天，不敢早起
我们的眼睛里
满是母亲愠怒的泪痕
满是江河湖海，树木树林的病态愁容
从此，我开始用母亲的法则敬畏时空……

回　归

我不知道那一刻是怎么过来的
我不知道那一瞬间是怎么得来的

我不知道那扇门是何时开启的
我不知道千帆竞过是何时破晓的

在阳光明媚（不，刺眼）的日子里
漫山遍野的鲜花，包括仙人掌，包括海浪，包括泪花
都在烟花般地播洒璀璨　耀眼　告慰
神圣时刻
中国，有如火的绶带
高挂

富丽而窒息
令所有的普希金们歌德们泰戈尔们
相形见绌
万里无云　阳光鲸吞
世界的胃口都在旋转餐厅
在新的区旗　区徽下
徜徉

饕餮的级别

在维多利亚港湾

上升　下沉

我的 1997

回归

到伊甸园　享用爱情

是我唯一不可告人的冲动

新边塞诗人

我是一位边塞诗人!
一位生活在现代都市的边塞诗人!
写满征战、屯戍的悲怆,愁苦,
和孤独,
和内心的挣扎!

现代都市,依然狼烟四起,
把一株株爱沙化,
把修得三世的缘分风干
渴,把喉结肿胀到根部
甘泉,不出阳关与驼铃

在绿茵被人之蹄、畜之蹄夺去,
在爱的蒸发濡湿不了
漫天黄沙,天啦
我依稀看见王维王昌龄骆宾王卢照邻们
在我眼中叠加,
他们瞪着千年征伐之眼
把盔甲朝我扔来。

我接过龙城飞将之剑

竟然刺向为我坚守千年之爱的胡杨
我把王维颤抖的家书一字一字抠成子弹
射向我黄昏中的爱和她的帐幔
在金色的沙砾中，
因失手于另一杯酒，
而惊慌失措，跌跌撞撞，
终于倒在马革裹尸的都市，
在戍守千年的峰乳柔沙中
涅槃！

第三辑 我和你

我跟小朋友们数雨点

你别不信
有一天,我数着雨点
因为我的小屋前有个水荡
那里常常聚一些雨水和露珠

我的窗前,经常有
小朋友来窥探:
漂亮姐姐来了吗
然后一双本来捕捉美感的鹰眼
把他们吓跑了

第二天,我就用糖哄他们
他们说,要下雨了,漂亮姐姐会来吗
我说,来,我们一起数雨滴

数雨滴?
小朋友惊诧成一双双小鹰眼
我说,记住,你们扬起脸　数风吹过
我低下头,跟你们数雨点

100啦?

对，100啦。

真好玩。叔叔你真乖

叔叔，漂亮姐姐会来吗？

深秋写意

一切的感觉在凝视中
一切的印记在感觉中
那么多盘根错节的故事
被一根年幼的树枝
牢牢提起
野得发青的藤蔓们
最终放弃
死搅蛮缠的机会

一场秋雨的情意
使几番季节的叶子激动得摇滚起来
干透的情结被深深地湿润
阳光把交错的树枝理得斑斓
即使最傲岸的也会倾斜一次

叶脉里还在航运深奥的信息
（地上地下有同样的主题）
最醉心年幼的树枝下
扑腾起晚秋的鸽子
任何多情的山歌渔调已然
　飘飘忽忽

外面的风沙沙在响

外面的风沙沙在响,
南方,有着北方深冬的一种象形
明亮的路灯　像在说
这是南方,
为你摹写一次北方的风

一个人的家,忙了一周
妻子在南方的省城出差
女儿在-46℃
　北美的城市

听着歌,听着现场直播的华语世界的歌
有赵传的《我终于失去了你》
有齐秦的《外面的世界很精彩》
还有我不知名的阿鲁阿卓和山风组合

北方的风啊
北方很轻很重的风
轻的是听说父亲的身子已经只剩下皮骨
重的是我的心坠着
呼呼的北方的风

当父辈终将离我而去
当下辈为讨事业讨生计
也将离我而去
我们剩下的只是冰冷的宽敞、富足
和窗外惦记着游子的
一阵阵吆喝着的北方的风

父 亲

父亲的额角一个大青包
　　　　眼睑撞得发红，像一朵火烧云
父亲的右手小指缠着白纱布
轮椅上的两个轮子，
　　一个　滚动着愤怒
　　　另一个　愤怒在滚动

在深圳的医院，他吵要回去
回去了，他说：这是哪里？
乡村有他的老朋友，
　　可是他的子女们在城里
于是，他见人就把脸捂上
于是，他把心24小时拆开，
　　　一半快递给他的儿子们
　　　一半滴淌着难过　说不出

他叫人跟他砍根棍子
　　　但没人敢
他猜得到人们的心事
　　　但不说
他就使劲地转动轮椅上的两个轮子

父亲有个很好的孙子
　　孙子辞工照顾爷爷
照顾得跟爷爷小时候照顾他一样
　　端屎端尿　喂饭擦嘴　穿衣穿鞋
乡邻们见了不忍
　　父亲不明就里，开口就叫"鹏鹏!"

儿子的心也在撕裂
　　儿子有文化有知识
却安顿不好一个行将就木的生命
　　……

父亲走了!

飞机在正常飞行,时有气流造成的颠簸,我的心绪也一路起伏不平。2015年1月28日下午6时30分,父亲走了,我们家上一代人彻底消逝了。自爹爹(祖父)1986年8月去世后,到父亲告别人世,差不多30年。

我的座位靠近飞机舷窗,我不时地瞅瞅窗外,茫茫天际,白云朵朵,一尘不染。我忽然想到看过的一部电影,叫"星际穿越",父亲的英灵已经穿过我们的家、穿过他的子孙,冉冉升起,远离儿孙的视线和视野。他会到哪儿去呢?他会漫游到我眼前的这片广袤无垠的高天,与另一个世界众多的亡灵会合吗?我不想。因为这片天宇太寂寥太不着边际。我不希望父亲来到这样的地方,这样的地方太孤单、离他曾经生活的世界太远。

地下,武汉的上空飘着大雪。万米高空,云山云海,密不透风。恍惚间,我突发奇想,这密不透风的云山云海是可以站立的地方吗?如果可以站立,我真想打开舷窗,一步跳下去,迎候我的父亲,堵住他的去路。我会叫他跟我回去,回到我们的家,回到田家巷。

"各位乘客,因为交通管制,我们的飞机暂时无法着陆,请系好安全带。"空姐的广播把我惊醒,但我的头依然贴在飞机舷窗,我还在看白茫茫的天空,我还在企盼着云端上哪怕有一个生灵、哪怕一片羽毛从我眼前划过,我挣扎着等待这样的场景出现。

　　飞机的盘旋虽然延误了我回家的时间和里程，但它延长了我对父亲离去的想象，延长了我回家后应该做些什么超度父亲的筹划过程，使接下来给父亲的治丧活动更加有序有情有力量……

　　我真不知道自己是怎样踏进家门的
　　除了跪下　我没有更好的站姿
　　给你烧纸　父亲
　　给你续香火　父亲
　　回来　父亲

　　长调又一轮袭来
　　那是姐姐、姨妈的哭喊
　　是追思亲人的最古典最高级叙事

　　我磨蹭在父亲的灵前
　　逐一探摸
　　父亲的脸庞平顺
　　父亲的额头宽阔
　　手指粗糙
　　骨节分明

　　一辈子软弱的人
　　一辈子只认几个字：

收、捡、工、分
加上：田、米
一辈子最忌：懒、荒、借

我重新盖上父亲脸上的黄表纸
与泥土同色素的黄表纸
与汗渍同色素的黄表纸
与稻麦谷豆同色素的黄表纸

老天阴沉，路旷人稀
父亲不再转身
姑爷、姨爷、舅爷把我拉起
说："你们可得""可以了"
父亲有知否？
再没有血栓的父亲啊！
再没有听障的父亲啊！

都有一颗红亮的心

我们有时候的确需要一点哲学
需要一点艺术
需要一点孤独……
真的,不要把自己排得太满
不要以为自己很重要
更重要的是,
与世界保持一点距离

父亲的手

父亲的手

最多的是一抔抔的

 带汁的爱

是握笔为你护腕的站立

是自行车铃铛的脆脆摇动

是黑夜里拨开圣诞老人

找回的最后一份礼物

是公园里臂弯悬挂的笑声

是从钱包里夹出的新版大钞

是生日、六一，等等，等等

 所有够得着的选项

是穿好鞋袜后摸摸鞋底是否软乎

是生怕烫着噎着缩回伸出反反复复的机械臂

是被子上拉扯一角的寂静无痕，

是肩膀上拽住的一根风筝

 ——拉扯，拉扯

把你拉扯大

忧　伤

仅有帐篷是不够的
一口热饭是不够的
若干年后的某一天
高楼在城市又会蔓延,
我想说,
在新的楼梯扶手间,是否
会有斑驳的泪痕?

花儿照样会单纯地开放
百草们长势也会很好
但若干年后的某一天,
蜜蜂们在娇艳的花蕊中,是否
会采集到百草曾经的
苦涩和挣扎?

若干年后的某一天,
如果有人去汶川
如果乡亲们端上一碗热茶
交会的目光
是否会片刻间湿润

汶川啊

我心灵的汶川！

我真的不知道

若干年后

你的忧伤是否会被

城市的高楼填埋

百花的芳香因子是否会像

5·12前一样

那么淡定那么若无其事地绽放

古诗二首

1. 七律·贺恩师金婚①

感时伤逝泪沾裳，
一去关山裱苍黄。
星月不移意缠绵，
湖光难散情未央。
五十金婚昭后辈，
百契丹书铸前堂。
巍巍大观人生路，
曲曲小令唱汉阳。

2012年2月7日

2

先生大德，赐我典册②。

---

① 程金阶，号淡泊居主人，我的老师。1935年生，湖北孝感人。教学、著述一生，名播海内外。

② 2月16日，敬收程金阶老先生从汉川马口寄来五十金婚纪念嵌壬辰龙年年历一册，感念不已，情不自禁，学撰古韵一首以纪之！

五十金婚，彩练春色。
桂子双龙，身板不折。
诗文名世，教之国杰。
桃李不言，居室淡泊。
廉颇壮志，书联双绝。

先生怜我，厚赠典册。
重兮贵兮，且显且赫。
马口鹏城，心驰神策。
影像日历，昼览梦阅。
青春皓首，儒者血脉。
日耀华光，堪疏堪勒。

哀痛莫名
——悼张友高①

哀痛莫名

一缕青烟

冷暖歌哭

何为惊天

楚之殇矣

鹏之翼盘

友之弃矣

不复留言

音容笑貌

犹在眼前

世俗情缘

缘悭一面

大悟难悟

---

① 张友高，湖北大悟人。在家乡时，我在地区做教研，他在省城编教育报刊，屡有邀约，发我文稿。来深圳后，曾襄赞杨绪松君办《特区教育》，蒙不弃，让我主持《特区教育》"家教天地"栏目，时相切磋，展望深圳教育。我钦佩他的爆发力，他揄扬我的韧性，彼此惺惺相惜……后进入创作井喷期，鸿篇巨制迭出，比如《徐海东大将》《中原突围》（电视剧）、《深圳大道》（长篇小说）等。忽一日，听我工作室的赖老师告知友高不治，不胜痛惜，拟哭之声，是为吊唁。

红安不安
长江急流
南海沙滩
笔哽倾注
字如泪斑
大风一曲
谁忍抚弹！

2014 年 9 月

路遥啊!

2018年8月18日下午,在孝感。太太整理了我俩此次陕北路遥故里行获赠的有关路遥的作品及路遥研究资料,我们整整齐齐、恭恭敬敬摆上桌面。忽然,情不能抑,在手机上创作了这首诗。随即发送给这次陕北行中结识的厚夫、曹谷溪、马治权、王六、何志铭、刘政诸先生。17:49首发。

路遥啊!路遥
我来陕北看你,你不在
我去清涧找你,你不在
我摩挲着你的土炕
你的体温　你的辗转反侧

路遥啊!路遥
陕北　你的乡亲
谷溪　厚夫
这一老一少　陪着我
说你　念叨你
把你从书桌里叫出来
从双水村叫出来
从陈家山煤矿叫出来

路遥啊！路遥

在另一个世界

平凡的世界　你还累着吗？

你不会半夜里找邻居要一个发硬的馒头

你不会躺在那把折腿的椅子里睡满整个人生吧

你不会让你窑洞前的那一颗颗青枣裹住你的辘辘饥肠吧？

路遥啊！路遥

厚夫陪我，谷溪陪我，志铭陪我，还有王六　治权先生

把陕北　把榆林的清涧　把延川的山山水水

一遍遍捋过　把你的爱全都端出了

路遥啊！路遥

我知道　再怎么走近

也只能贴贴你的面庞

陕北太大　我只能倾几十年的情意

努力地找你一回

你的文字

陕北的文字

纪念馆是装不下的

路遥故里是装不下的

我会呼唤

每一个中国人都装一点

装不下了就说

说完了再装！

夏季·石凳上·凉意

总有情愫是为你留的
可是你先流淌了
在如此热烈的夏至

总有石凳被人抢先注册
可是,我找到了夏日的石头
那一次的凉意

总有人笑问明天安好
可是昨天的不安
夏之炭把心灼伤

总有人看好森林、海景
可是孤独狂躁、夏夜冰凉
流失的痛苦,在于
抓住了又放弃

接下来是风,是雨?
是泥泞,是火山灰吗?
夏的温度不言自高
夏的时令夜短日长!

为了忘却的纪念
——致小芳姐

躺在沙发上
因为被一处情感柔化了
像大姐回娘家帮兄弟熬一锅麦芽糖

躺在沙发上
梦之蓝把蓝色记忆
一点一滴,点点滴滴
沁入冰壶
我饮着,满目珠泪

躺在沙发上
我注定要凝望远方
我越过星星筑起的巢
寻你　找你
三十年,穿越的伤感
因为感恩,我失重于地心
重重地躺下!
无力!

致洗衣的少女

怎么不是在月光下呢?
洗衣的少女
怎么不是在溪水边呢?
洗衣的女孩
颈脖上的银项圈呢?
还有银手镯银铃铛

啊,布依族洗衣的少女
银铃般的笑声
搓洗着满心欢喜
搓洗的节拍
如三月的蝴蝶
在溪水边熙熙攘攘
为月光下等候的人
翩翩舞动

洗衣的少女
把满腹心思洗得泛白,
如同一截蜡染的蓝水布
夜深了,洗衣的少女
抒一抒散开的情思,夜归

款款的行止
竟然记不起竹篮里
不见了衣物……

海浪最高处,诞生的一朵水花

怎么给你命名呢?
我的海浪!
在你的最高处
那朵晶莹剔透的水花
以跨世纪的速度涌来
这是一个生日!

我不知道,命名的难度
同样要横跨世纪
水花绽放的情绪高亢而苦涩
对分离的不忍对卷入的忘情
还有呢?浪花旋转着
发出涟漪般的一个个追问

我记住了
肉身凡胎是生命
海浪最高处诞生的一朵水花
也是生命
交给激流吧,石破天惊的日子
我愿意,把那朵水花绑定于我的生日,
    或者,我们!

未曾抚摸的目光

自从把目光
从水族里的龟甲移开后
我就注意你了
我的小金鱼

我知道你曾经是怎样的美丽
人类的眼神是怎样流连于你
那条飘逸的尾巴
把最柔美的动态都用尽了
但我只是注意了你的眼睛

我想了解你的眼睛
我的小金鱼
愿意告别那一泓清水
随我上岸吗
愿意到你祖居的风景观光探访吗

我无法体悟你
　是否这么动摇过
但我深深地注意了你的眼睛
那么强调那么突出强调的

该是怎样望眼欲穿的
膨胀的情怀和向往呢?

致小金鱼

云淡天高
我寻不见翅膀
一条沉寂的小金鱼
在蔚蓝与黄昏间
擦洗玻璃幕下震颤的心事
无门而有门
天池里的倒影
不再是昨天
执手相拥的时刻
绵延于风帆……

我们的笑

——中秋节,在梅林水库

我们当然希望自己的笑
是一锅沸腾的粥
那些跳动的米粒
是我们即将软化的辛劳

我们的阳光
在锅底
我们抱回的柴火
是喜鹊留下的树

这么多年,
我们的五仁
一直在地里积聚力量
　和元素

月亮仅给我们一天的时间
我们渐渐抬起头
借月色柔化我们
　有些粗浅的笑容……

光的加速度

把一颗心加速成光速
谁说只是科学命题
我料定每个人都有一只拳头
随时待命
砸向二十世纪

二十世纪？
我们清算
贫穷？困顿？
失血的爱情
和嗷嗷待哺的仓廪

我们想加速成光速啊
去追讨虚幻的年龄
去质疑蓝色火苗的忽明忽暗
　　风箱无力

我们咬紧牙关
把自己残存的几立方米天然气
燃烧到一个高度
再以灰烬的结局

改写幸福

是谁定义了我的年龄
我要用光速追回以光年计的余生
重新拉起风箱
用蓝蓝嫩嫩的火苗
鸳梦重温!

第四辑 远行客

早 起
——致友人

早起,把云雾沏进毛峰
把一抹红霞焗进壶底
一天的色香
就顺了

远处的风景
都在茶杯里礼节性漫游
包括迷离的梦魇
纤纤玉手
抬高的就是这点
品质

糕点有些不合时宜
胃的需求过于实在
注意不要让山头的云霞
一眼看穿我们的小肚鸡肠

切 换

奇怪!
一株云杉边怎么会有
一株勒杜鹃呢?
奇怪!
一只蝴蝶正午间怎么
伴飞我好一阵子

我猛然抬起头
城市的高楼尚在封口
我的视线,切换到
桌子上没有合上的
《一个人的朝圣》

最近　对切换一词很着迷
勒杜鹃与云杉切换
不老诗心与童心切换
还有蝴蝶与梁祝切换
试试把耳朵与眼睛切换

那么,我的切换呢?
估计对任何突如其来的切换
　还信心不足

那一晚的红月亮

那一晚的红月亮
我没有看见
云南的云
你看到了
我也看到了

云南的云
不是风花雪月
淡淡的味道
是那一晚的红月亮

洱海
泸沽湖
都印在红裙子上
金星与太阳的距离
隔断了云
月亮急红了脸庞

一切都在升级
云南的云等着
下一次红月亮的光临

那是天之蓝云之南
孔雀般的心思

岁月静好,我心荡漾

两千里关山度若飞
我的绝妙心境　任性如黄河决堤
手指握住
方向盘里两千里环绕

一种和鸣
我心荡漾!

回家是我预订的时速
山峦起伏,我心蹦跳
两千里音符律动
苍凉,生机交替
是我蓄满十二个月的歌

雾蒙蒙
情蒙蒙
两千里视野里
把一年年城市瑰丽的塑料袋
甩得远远的,跌落,爆裂

我喜欢这样的里程

太太由着我
天际之灵光与我同声呼啸
寒冷在时差中就是一个笑话

两千里的车轮替他的主人尽情旋转出故乡的颤音
飘逸、纯净的一场别样的雪
下得我酣畅淋漓

岁月静好
男人的妩媚是
傻傻的、一愣一愣的
替我洗尘的两千里山水,
等我回到祖居地
将以心花怒放的姿容跪谢点燃的一串串爆竹

蜀道吟

我来成都是要寻一些山的
我来成都是想爬一段坡的
这些年,速度与激情常常分心常常相互盘问常常激烈地
　　撕扯

我的时间常常被凡俗的事情弄得支离破碎
城市的高楼一天一天横亘过来
城市的大树粗壮而挺拔
城市的玫瑰娇艳而带刺
这些玫瑰和硕大的树已经不是一位数两位数了
我的树精精瘦瘦孤孤零零一如我蜡黄暗淡的面容

我还傻傻地用很多高烈度的酒浇泼自己的心火
我总自以为是以自己低烧的热度去焙焙渐渐在冷却的天足
——走不稳的,在两个世纪高高低低徘徊的一双天足!

我是园丁谁是我的园丁
我常常想问问伯乐你的远亲近邻还都有谁
昨天 52℃、500ml 把我的记忆损坏了
于是有了扎心的拷问:
你把成都的坡走高了几度
你站在窗前翻阅了棠外、华阳中学的哪几座山呢?

灌木丛与哲学家的互访

我们总以为自己
高于一丛灌木和灌木丛
我们从未想过
自从祖先让我们直立行走后
我们所能抵达的高度在哪个尺度？

我们每天假装思接千载
总以为我们的脑神经布满思想的丛林
一层坚硬的外壳
还被各色长短不同的毛发
伪装

千万年，我们到过不多的一点地方
穷尽人类的一点认知
把常识说成哲学
把自然界当作人的"对象化"
势必战而胜之取而代之

我们自以为是的五色念头
把各种稀奇古怪的语言颠三倒四
然后说很深沉　很理性　是诗学

可是我们就是一点碳的演变
我们的价值在地震在海啸面前只剩
一具可爱的骷髅?

厌了!

说人文说科学说实证
厌了

后来,又说"批判"(那个一辈子不出小镇的康德老头)
再后来,又假装说"辩证法"(那个黑格尔老头　那个大胡子)
厌了

再后来,假装聪明的人们
想把唯心主义与唯物主义拆开　掰开
说"一元论"也说"二元论"
说理念先于本质说存在决定意识
说存在是虚无的那个人与说存在是合理的那个人
从不见面
还有一个人说"一个灵魂摇动另一个灵魂"
厌了

再后来　自然主义　逻辑学
林林总总　形而上,

就是一片假借与转注的灌木丛

哲学家们死了
灌木丛的根深不可测
终有一天,
哲学家们的灵魂去拜访灌木丛
一个说本质一个说根本
一个说我真心想解释世界一个说那得先做好自己
一个说,我的初心是让世界变得更美好
一个说,应该让世界把我们变得更美好
最后,灌木丛说,哲学家,你走吧
任何法则都在于生存在于状态在于敬畏
不要说通向世界的就在远方不要以人的高度示人
不要把美学风格定位于居高临下和什么永恒的价值

爵士乐的义诊

初夜的冬
一层寒气
被我和我的心上人的手指
弹奏如雾

夜
深沉如冰
不知道归途
不识来路
我们俩
把各自缅怀
在杯底

爵士乐
是催情的酵母
我们在世界的呜咽中
轻度抑郁

往后的日子
我们天各一方
各自下起早春的小雨和文字
数着下次

这个世界,哪儿不是路呢?

这个世界,哪儿不是路呢?
我们正常的人们,
脚下走的　就是路
大路　小路
各是各的路
弯弯曲曲　坎坎坷坷
还被赋予很多不同的意义
(比如回头路　黄泉路　不归路)

泥巴路　水泥路　沙子路
谁说软的路　发硬的路　哧哧有声的路
哪一样不是人走的呢?
马路　公路　铁路
谁说通得远的就是没有尽头的路呢?

一截港湾　是路
啊,水也是路呢
航道　深不可测　载舟覆舟
港湾　来路　去路　都是归路
空中　鸟儿飞过　无迹无痕　无极无痕
后来,人也学会了

从天路到航空航天
哪儿不是路呢？

忽然　蚂蚁们发言了：
我的树干　树叶　沟壑　墙，你们有没有走过
你们占用了太多的资源，
把路搞得宽宽的、长长的，还高速
可是，世界被你们搞得拥挤不堪
因为你们对路的理解
十分落后　出不了二维空间
所以才惹出所谓"心路"这样怪怪的路名
还搞出所谓哲学的名堂：什么"你，是我的路"

至于你们人类引以为傲的文字
所谓通向了未来的路　求知的路
可是你们至今没能解决生存与发展的命题
而且，几千年，以文明的姿态和傲气
在自然界修路　筑路　开路
可是你们又走了多远的路呢？

在黑戈壁陈列馆留言

马鬃山,第一站,
黑戈壁陈列馆,
我恭敬如汉唐　留言:
向历史致敬!
向黑戈壁致敬!
人文,地理,
国家,民族。
我们行走,
我们同在!

凭吊,却无法瞻对,
文字、影像,无法还原当年。
清代边塞诗
无法为唐人称颂。
而留给我们的盛唐
遗址渐渐风化
我们在玉门关,在阳关,在瓜州
串不住
零散的记忆
斑斑点点
愧对先人!

向黑戈壁致敬！

向历史致敬！
向黑戈壁致敬！
做一回挺直的人！

广袤
就是广袤
除了广袤
只有广袤
黑戈壁啊！

暴晒，淋漓的暴晒
所有的飞流直下在这儿相形见绌
所有钟灵毓秀和风花雪月
都被雅丹地貌褫夺
从不觊觎新栽杨柳三千里，
引得春风度玉关。

他们都是流动的大师
他们坦荡、英武　澄澈于天
他们讲究　硬朗的气质，
不，是坚挺对坚挺

雄起　铁性　高亢　勃发　热烈　雄浑
穿越历史。

油腻的江南,
多汁的岭南啊,
请手搭你的凉棚
触摸黑戈壁山石的脉象
与黑戈壁之风互换爱恋

远方,有一座新华书店

青海玛多县城,我发现这座气势不凡的新华书店,顿生敬意和好奇心。

由于是晚间,我无法看到顾客和读者,但我相信,玛多人修建一座新华书店,其宗旨,绝对不是留名,而是一份心结。

多少书店更名为书城、书都了,新华二字与书店连缀似乎有点过时。但读书永不过时。

祝福玛多人读书爱书,守住这座几代读书人心中的城池!

列车已飞驰
窗外　秋雨叩击
树木　村庄
在与旅人作别

玛多,内措日尕则山
那座牛头　牴住高天
爱的竖琴奏
心律不齐

趸
回转玛多的新华书店
把已经调转的船头摆正
让负笈远行的书卷扎紧
让每个渡口眺望黎明

玛多　玛多
你有一座新华书店

超新星的三体世界!

四十五亿年的进化
也就是
几个染色体的好奇心
大爆炸的那一刻
宇宙莽莽撞撞、兴奋得只顾逃逸

我读过超星系的故事
宇宙的孕育,
只有黑洞守口如瓶
那时,哪有蓝天哪有亚当和呼吸

在四十五亿年的进化中
大气层的软环境形成还是最近的事
所以,有关神话、寓言和五色的想象力
只配交付于三体世界的超星系

为了证明我是三体世界之一
我把波动把光量子搭上银河,泅渡于
摩羯座与狮子座之间
我确实希望有几个太阳
当然,大爆炸还会有好多次

后羿也会不服

这个世界啊!
有太多的法则
可是,那都是超新星诞生以前的细节了
以后的演化,必须穿越虫洞!
宏大的叙事还等着超新星
表态呢

扣紧未来

——致我们终将逝去的青春!

扣紧十指,
我们坐在枫树下
如炭火之偎依

竹林处
我们把金黄的霞光
披进对方
如同初恋之眸

梧桐树下
小石凳
坐成两个
未曾预言的安详

许多的故事
酿成柔韧　酸性
仿照果干

侧影　风帆
谁没见过

力量只在十指
早已不在桅栏

我们沉迷的将是
盯住一处
就盯住了一个人
及其部落

紧扣十指
让恒温升起
让海目击!

我停下车,告诉你们!

我开着车
远去的心情

环城公路上
寻找年久失修的小巷
灰色的墙壁

我会给一切路过的人让路
对小摊小贩充满敬意
银行的窗口
我希望有更多的排队
儿童在书架上查找暑期

我停下车
对着我服务 27 年的城市挥手
以鲜花的领悟力
公路的岔道
我学会在生活的交接处转弯

似乎要走了
远行中

把沙漠　雪山　僧侣
装满行程
手机　纸笔　帐篷
都将成为知己
为我刮下锈蚀或
胸中储满的状如南国的
一层椰蓉

我是一个底层的人
但并不肤浅
我经常是论文的格式
处理早晨
正午，又看看绘画和丹青

我近距离跟踪过这个城市的谈吐
在现代气息里煲一锅不俗
最难的时候是栽种的理想
干瘦　青黄不接
所以额头被浮雕刻画
庶几有痕

我爱你们!
孩子　少女　云彩　书卷　茶晕
甚至离我很近的高温

我爱你们!
我停下车告诉你们
我已出征　荷枪实弹!

后 记

我常常在窗前观察飞鸟的行径，入神。有了这样的观察，对"无极""无羁"的理解算多了一层。一片树叶，一截枯枝，一块土疙瘩，还有才露尖尖角的小荷，风雪中的高压线……都是"造物主"的对象化。何处不是立足之地啊？看来，立足之地愈简，所到之处皆可立足。

造化弄人。做老师，教数学；做教研、教老师；兼学文，写诗，是我职业生涯的三段论。常常在数字、定理、抽象性上与诗歌互置，似渔歌互答，似飞鸟跨界。当然，前者略有成就，但心智上却也等量齐观，无分伯仲，"两栖"无伤。

还是吴思敬先生在惠撰予我的《少年心事当拿云》序中所指出的："优秀的诗人能从诗歌中悟出一种数学的美，好的数学家，也能从数学中体会出一种诗意。"尽管我不是数学家，也不敢妄称诗人，但我接受吴老的观点。

我对世界的美好怀有深情，但与世界的奢华保持距离。对学术情有独钟但感性与理性杂然相许。逆境中认定必有一线生机。美好中把柔情化为文字，藏入冰壶。

《花期峥嵘》的书名可能略显突兀，可与耕者的经历息息相关。这是极为个性化的独特体验。有过深度体验的人和熟知的朋友是能感应的。

"逆行者"，本是一网络词汇，可一下子被赋予既深且厚的社会意义。我可否视作一个"逆行者"，不得而知。从好的教育部门到特区一所学校，从"发令人"的角色到"摆渡人"，我有的只是一种激情。我的朋友程明盛在应约为我所作的《把生活过成了诗》的序中说："曾经质疑过他的选择，他是教研室学科带头人，领导着一座500多万人口地级市的数学教研，栖身深圳一所学校，是否有些大材小用？"随后替我做了回答。

感谢生活，感谢自顾不暇的人生，让我有一本属于自己的诗集，这是世界留给我的柔情蜜意。

感谢首都师大的吴老思敬先生，您从为朦胧诗发声站台的1980年代起，就是诗人的亲人，我们素昧平生，您老对后学后进的恩宠、眷顾，是一座激流中的航标灯！

感谢我的挚友兼乡亲程明盛先生！你我心心相印，同频并轨的生活足迹，我们要做进一步的诠释。

感谢已过世的我的老师程金阶先生，您为我题写的毕业赠言"诗美化人，人美化诗"，施舍了我另一剂人生滋味，我至今咀嚼。

感谢深圳的朋友邓康延先生、龚志民先生，你们为诗为文都是我的标杆。

这里我还要特别感谢谢晨先生，由于你的热心和指引，我拜识了从未谋面的吴思敬教授，让我深谙提携、照拂的意义。

感谢我的太太！她极力支持我的这个雅好，说"只要是爱好，我就喜欢。"还说，"年轻时，养成这个习惯，中年为生活闯荡，略作停顿，现在又收捡起来，好。"

要感谢的人还有许多，不禁也要感谢我的胞弟田夫为我的诗集题写书名，"花期峥嵘"横竖写了一遍又一遍，可见功夫。

还感谢期待我的诗集早日出版,想看个究竟的同事、朋友和学生们……

2021 年 11 月 13 日于深圳四季山水花园听涛阁

图书在版编目（CIP）数据

花期峥嵘 / 田国生著. --武汉：长江文艺出版社，2022.10
ISBN 978-7-5702-2732-7

Ⅰ. ①花… Ⅱ. ①田… Ⅲ. ①诗集－中国－当代 Ⅳ. ①I227

中国版本图书馆CIP数据核字(2022)第 071814 号

花期峥嵘
HUAQI ZHENGRONG

扉页题字：田　夫	
责任编辑：胡　璇	责任校对：毛季慧
封面设计：源画设计	责任印制：邱　莉　　王光兴

出版：长江出版传媒　长江文艺出版社
地址：武汉市雄楚大街268号　　邮编：430070
发行：长江文艺出版社
http://www.cjlap.com
印刷：湖北新华印务有限公司

开本：880毫米×1230毫米	1/32	印张：5.5	插页：6页
版次：2022年10月第1版		2022年10月第1次印刷	
行数：3861行			

定价：58.00元

版权所有，盗版必究（举报电话：027—87679308　　87679310）
（图书出现印装问题，本社负责调换）